몸과 마음을 치유하는
칼라파스 그림 명상

하이 셀

몸과 마음을 치유하는
칼라파스 그림 명상

하이 셀

황명희·김수영 지음

contents

一微塵中含十方　　일미진중함시방
一切塵中亦如是　　일체진중역여시
無量遠劫即一念　　무량원겁즉일념
一念即是無量劫　　일념즉시무량겁

하나의 먼지에 우주가 다 들어 있고
먼지 하나하나가 다 그러합니다.
영원한 시간은 바로 찰나의 생각이며
찰나의 생각이 바로 무한한 시간입니다.

부처님의 가르침인 「법성게法性偈」의 일부입니다. 우리가 잘 보지 못
하는 먼지가 이럴진대 하물며 자연의 산물이고 만물의 영장인 인간은
어떻겠습니까? 본래 지수화풍地水火風으로 이루어진 인간은 자연적인
모든 에너지를 부정할 수 없고 또 그 에너지를 사용하는 방법에 따라
삶의 질이 쉼 없이 변화하는 것입니다.

필자는 이 불교적 사고를 바탕으로 사유의 심오함을 떠나 미술적인
심리묘사로써 책을 집필해 누구나 번뇌에서 벗어날 수 있는 기회를
주고 있습니다.

이 책을 저술한 황명희 선생은 오래 전 우리 대학교에서 불교학을 전
공했고, 약 20여 년 동안 중등학교에서 청소년들에게 미술을 가르쳤
으며 명상센터를 개설해 아주 많은 이들에게 자기치유명상을 통해
새로운 인생의 가치관을 만들어준 분입니다.
이 책을 쓴 필자는 물론 이 책을 통해 인연을 맺은 모든 분들에게 찬
란하고 청아한 에너지가 깃들어 인생의 여정이 보다 행복해질 것이
라 믿어 의심치 않습니다.

불기 2561년 11월
태국 마라출라롱컨 국립대학교
명상 교수 Sawai Nyanaviro, 박사
Ven. Phramaha Sawai Nyanaviro, Ph.D

chapter 1. 셀의 원리

모든 생명의 최소 미립자 '칼라파스'

스위스 제네바 근처 프랑스와의 국경지대 지하에는 세계 최대의 미스테리 연구소가 하나 있다. 이름하여 CERN(유럽입자물리연구소 또는 유럽공동원자핵연구소). 이곳은 또 댄 브라운의 소설 〈천사와 악마〉의 배경이 되기도 했던 곳입니다. 지름 8㎞, 둘레 27㎞에 달하는 어마어마한 입자가속기에서 광속으로 미립자를 충돌하게 한 뒤 여기서 발생하는 입자와 반물질을 관측하게 되는데, 이때의 충돌 순간을 컴퓨터로 촬영해 본 결과 옆의 사진과 같은 이미지가 나왔다.

과학자들은 이 이미지를 두고 궁극적으로 물질을 이루는 최소단위이자 생명을 이루는 기초단위인 칼라파스(지각의 입자)와 같다고 말한다. 칼라파스는 우주가 생성될 때부터 존재한 생명에너지로 소승불교에서 사용하는 중요한 개념이기도 하다.
현대물리학에서도 칼라파스를 미립자에 비유하고 있으며 '마음과

물질을 구성하는 가장 작은 입자'인 동시에 1014Hz로 끊임없이 진동하는 입자의 흐름으로 우리의 몸을 구성하고 있다고 말한다. 즉 우리의 몸은 엄청난 진동수로 생성되었다가 찰나의 순간 소멸되는 칼라파스(미립자)로 구성되어 있는 것이다.

칼라파스는 현대물리학에서도 자주 언급되고 있는데, 양형진 교수(고려대 물리학과)는 〈물리학을 통해 보는 불교의 중심사상〉에서 아래와 같이 설명하기도 하였다.

"미립자의 수명은 10^{-6}초에서 10^{-23}라고 한다. 순간적으로 생성되고 순간적으로 소멸한다. 이런 미립자로 원자가 이루어지고 그 원자에 의해 우리의 세계가 이루어지므로, 우리 주변의 모든 것은 겉으로 보기에는 조금전의 모습을 그대로 유지하고 있는 것 같지만 바로 지금 이 순간에도 찰나에 생멸하고 있다고 보아야 한다."

영국에서 개발한 디지털 에너지장 카메라에 찍힌 인체 에너지장을 보면 인체를 둘러싸고 있는 에너지는 몇 십 배나 더 크고 여러 겹으로 되어 있는 걸 알 수 있다.

미국 캘리포니아 주 샌프란시스코의 내과 전문의 리처드 거버(Richard M Gerber)는 "각각의 인체 에너지장은 육체보다 진동수가 높은 물질로 구성되어 있다"며 "밝은 생각을 하면 에너지장 역시 진동수가 높아져 심신이 건강하게 되고, 어두운 생각을 하게 되면 주파수가 낮은 어두운 에너지장을 갖게 되어 우울하고 심신을 약하게 만든다"고 한다.

리처드 거버의 언급이 아니더라도 우리의 자의식을 통한 생각, 감정, 느낌 등도 세포가 살아 있기 때문에 느껴지는 미립자들의 에너지활동이라는 것을 알 수 있다.

우리의 존재는 수많은 미립자들의 집합체이며, 육체뿐만 아니라 정신활동에 사용되어지는 미립자들을 집중해봄으로써 마음에 관련된 다양한 힘을 알 수 있다.

내 몸의 미립자 혹은 세포들에 생기를 주어 세포의 진동수를 높일 수 있다면 나의 지적 활동성, 창의성, 건강 등이 발전하게 되는 것은 어쩌면 당연한 얘기일 것이다. 또 이런 통로를 만들 수 있다면 막혔던 나의 능력이 원활히 움직이면서 새로운 나, 발전적인 나를 만날 것이다.

칼라파스 그림의 치유 효과

칼라파스 그림은 만물을 움직이고 변화시키는 물질의 최소단위를 통칭하는 칼라파스 입자가 내 몸의 세포 질료임을 이해하고, 내 몸을 바라보면서 미립자를 상징하는 점과 생명의 나선형운동 원리를 이용해 그리는 자가 치료 및 자기계발을 위한 그림이다.

첫째, 부정적 감정을 스스로 처리한다 : 감정 반응점, 감정벌레, 감정 에너지 그림

감정에 휩싸이지 않고 내 몸에 집중, 관찰을 하면 움직이는 감정 기운을 느낄 수 있다. 이곳이 감정 상처가 있는 곳이다.

이것을 감정 반응점이라 한다.

이곳을 그냥 놔 두면 다른 곳도 잠식하기 때문에 반드시 제거해야 하는 위험한 병균임을 강조하여 '감정벌레'라 칭했다.

칼라파스 종이를 통해 직접 제거하는 에너지 그림을 그린다.

둘째, 나의 비전을 본다 : 칼라파스 호흡

이완과 느린 호흡으로 내 몸의 미립자에 집중하는 칼라파스 호흡은 '내가 바라는 것(비전)'과 일치하는 단어와 느낌의 메시지를 전달할 것이다.

자신도 몰랐던 내면의 메시지와 힘을 발견함으로 자기계발은 저절로 일어난다.

셋째, 자연스럽게 명상을 한다 : 칼라파스 명상과 호흡

칼라파스 호흡으로 메시지 그림을 보면 저절로 명상 상태가 된다. 몸의 긴장을 풀 수 있고 스트레스 해소뿐만 아니라 우주의 질료와 같은 내 몸의 세포가 우주 에너지를 충전시켜 준다.

넷째, 낭비되는 감정에너지 활용법 : 감정 재활용

부정적인 감정도 내가 살아 있음으로 하여 갖고 있는 생명력이다.

감정 상처만 치유시키고 생명력은 다시 사용할 수 있는 감정재활용법을 알려 준다.

칼라파스 치유그림은 부정적인 생각으로 만들어진 감정 찌꺼기

를 치우고 순수 생명 에너지만 재생시키는 원리를 갖고 있어 자
신의 생명력을 소중하게 여기게 된다.

하이 셀 그림을 그리는 분들을 위한 첫 걸음 떼기

"하이~ 셀!"이라고 한번 불러보세요.

몸 안의 감정 쓰레기를 먼저 대청소하고 자신의 능력을 발견하
세요
최고의 투자는 바로 우리 자신이라는 것,
오래도록 변치 않는 진리입니다.

"하이~ 셀!"

김춘수 시인의 '꽃'이라는 시를 들어보셨을 거예요.

내가 그의 이름을 불러 주기 전에는
그는 다만 하나의 몸짓에 지나지 않았다
내가 그의 이름을 불러 주었을 때
그는 나에게로 와서 꽃이 되었다

생명이 시작 되는 때부터 함께 해온 셀!
수 초마다 변화를 일으키면서 나를 이루고 있는 60조 개의 셀!
당신은 이들의 이름을 한 번도 불러주지 않았을 거예요.
관심과 애정을 갖고 불러 보세요.
"하이~ 셀!" 이라고.

황금빛 밀밭에서 여우는 어린 왕자에게 이런 말을 했지요.

"너의 발자국 소리는 음악처럼 나를 불러 낼 거야."

여우처럼 당신만을 기다리는 셀에게 고마움으로 관심과 애정을 갖
고 인사를 한다면,
"안녕! 안녕! 나 여기 있어! 여기에 널 위해 항상 있었어."
환호성을 울리며 당신이 원하는 것 그 이상을 가르쳐 주고 도와 줄

거예요,
소크라테스의 유명한 "너 자신을 알라!" 말도
겸손에 대해 말하는 것보다는 무한한 힘을 갖고 있는 자신의 가치
에 대한 중요성을 이야기하고 있지요.

"하이~ 셀!" 하고 불러보세요.

지금까지 자신을 지탱하도록 해 준 셀에게 감사하는 마음을 동력
으로 삼아 이제 당신이 아픔을 느끼는 바로 그 '반응점'을 찾아보
는 거예요.
그리고 '하이 셀 종이'에 짧은 선으로 "여기로구나…" 하면서, 치우
고 닦으면 되는 거지요.

당신의 능력을 키우고 싶은가요?

"하이~ 셀!"
감사하는 마음을 가지고 그대가 쥐고 있는 펜에 집중하며 충만한
생명 에너지를 방출하는 그대의 셀을 찾아 가는 거예요.

하이 셀 종이에 손과 펜이 올라가는 순간 아무런 설명 없이도 그대
는 시작할 수 있어요.
하이 셀 종이 위에 점과 나선으로 셀들의 밀도와 힘의 흐름을 느끼
며 점과 선을 수놓는 것이죠.

자존감을 지닌 독창적인 사람이 되고 싶은가요?

"하이~ 셀!"
고요하게 귀를 기울여 볼까요.
당신을 위한 축복과 힘을 지닌 메시지가 몽글몽글 떠오를 것입니다.
아라비안나이트 속에 나오는 "열려라~ 참깨!"처럼.

하이 셀 종이 위에 떠오른 단어의 느낌을 되새기면서 그리고, 찍
고, 칠하고, 선을 이어나가면 당신만을 지키기 위해 태어난 셀들
의 파동을 만날 것입니다.
또한 새로운 당신을 만나는 경이로운 경험도 하게 될 거예요.

"하이~ 셀!"

chapter 2.

하이 셀 치유그림의 주요 원리

▶ 내 몸의 최소 생명입자인 미립자나 혹은 세포(cell)의 힘을 느끼면서 인체도에 점을 찍어 나간다.

▶ 인체도를 내 몸이라 인식하면서 느낌이 오는 곳에서부터 찍어나가면서 채운다.

■ 뜨거운 감정 그림

■ 차가운 감정 그림

부정적 감정이 몸안에 쌓여 문제를 일으키고 있는 곳을 찾고자 몸에 집중하는 순간, 몸의 미립자들이 움직이면서 세포에 신호를 보내는 불편한 에너지를 발견할 것이다. 그곳이 곧 반응점이다. 그곳의 부정 에너지를 짧은 선이나 강한 선, 연기 같은 흐린 선들의 모임 혹은 곡선 등으로 당신이 표현하고 싶은 느낌대로 몸 밖으로 빼 주면서 감정 종이에 그려나간다.

chapter 3.

하이 셀, 치유그림을 도와 주는 종이와 주요 표현

■ 인체도

▶ **뜨거운 종이** : 분노, 화, 증오, 성급함 등의 감정에 사용

▶ **차가운 종이** : 우울, 공포, 슬픔, 외로움 두려움 등의 감정에 사용

▶ **명상하는 소녀 그림** : 피험자가 자아를 투영해 쉽게 이미지를 연상할 수 있도록 도움을 주는 명상하는 소녀들

▶ **비전 그림** : 건강, 여유, 목표, 기원, 재물, 사랑 등 구체적인 이미지 업이 가능한 아이콘과 명상하는 소녀와 함께 배치된 그림. 보다 명확한 자기 계발 가이드 그림으로서 피험자의 한층 풍부한 채색과 묘사를 돕고 아이콘이 지닌 상징성으로 바라는 목표를 더욱 강하게 만든다.

하이 셀 나선

하이 셀 그림을 그리며 반복되는 곡선의 음율을 찾아 봅니다.

곡선과 함께 나비, 꽃, 구름 등 자신의 감정에 맞는 아이콘들을 함께 더해 보면 더욱 풍성하게 표현할 수 있습니다.

자유로운 리듬으로 그려가는 것에 적응을 하였다면 완성된 작품에서 자기만의 특별한 패턴을 발견하게 됩니다.

마음이 보내는 음표이기에 즐겁게 그려나가면 됩니다.

하이 셀 점

하나의 세포가 모여 우리의 몸을 이루듯, 점을 찍음으로써 셀이 신호를 보내는 부분에 집중해봅니다.

점묘화는 차분한 마음을 지속하는 데 도움을 주며 편안하고 자연스럽게 묵힌 감정들을 풀어 줍니다.

1단계, 상황 그림 ➜ 2단계, 감정 그림 ➜ 3단계, 메시지 그림

| 상황 그림 | 감정 그림 | 메시지 그림 |

부정 감정이 발생된 상황의 그림 묘사

내 몸에 남아 있는 부정적 감정의 느낌에
집중해 샤워를 하여 씻어내듯 그린다.

긍정적이고 행복한 나를 위한
메시지 그림을 그린다

뜨거운 종이(분노, 화 등)

차가 운 종이(슬픔, 우울 등)

내 몸에 부정 에너지가 만들어진 원인을 찾아 그리기

눈을 감고 나를 힘들게 했던 기억을 떠올린다.

누가, 언제, 어디서, 어떻게, 무엇 때문에 등 상징이나 인물, 주변, 계절 등 상황을 떠올리며 그린다.

그림의 위치나 크기, 형태, 혹은 잘 그리려는 마음을 내지말라. 단지 그때 일으켰던 부정 감정을 먹고 자라는 벌레를 잡기 위해 한 것일 뿐이다. 그래야 박힌 상처가 보인다.

■ **내 몸에 부정 에너지가 만들어진 원인을 찾는다.**

만약 제일 첫 단계인 상황 묘사를 그리는 데 주저하는 마음이 들면 먼저 두 번째 감정 그림부터 시작해보세요.

내 몸 안에 있는 부정적인 뜨거운 감정을
치유하기 위한 그림이다.

상황 그림을 그린 후, 조용히 앉아 자신의
몸을 느낀다.

상황 그림에서 떠올린 기억은 지우고 그때
형성된 감정만 관찰, 집중한다.
그 감정(고통)으로 인해 몸이 반응하는 곳
을 찾는다.

집중을 하고 부정 감정으로 몸에 박힌 에
너지 반응점을 찾아 화면으로 빼 준 생각
을 그려 나간다.

■ 뜨거운 감정 그림

부정적인 감정, 분노, 원한, 억울함 등 내 몸에 박혀 있는 화를 정리한다.

내 몸에 부정 에너지를 씻어내는 상황 그림을 그린 후, 조용히 앉아 자신의 몸을 느낀다.

상황 그림에서 떠올린 기억은 지우고 그때 형성된 감정만 관찰, 집중한다.

그 감정(고통)으로 인해 몸이 반응하는 곳을 찾는다.

집중을 하고 부정 감정의 상처를 씻어내듯 그려 나간다.

■ 차가운 감정 그림

부정적인 감정 중 우울, 슬픔, 외로움, 공포 등 내 몸에 박혀 있는 부정 에너지를 정리한다.

■ 3단계 메시지 그림 : 긍정적이고 행복한 에너지

내게 힘을 주는 메시지 그림 : 긍정적이고 행복한 에너지가 담긴 글과 그림

1. 감정 그림을 그린 후 맑아진 몸을 바라본다.

2. 펜을 놓고 이완, 느린 호흡을 하면서 마음에서 행복하고 편안한 마음
   으로 바라보면 자신을 위한 메시지가 선물처럼 나타날 것이다.

3. 메시지 그림을 그린다.
   칼라파스 예시 그림을 이용하거나 창의적인 표현으로 자신의 메시지
   느낌을 그린다.

** 칼라파스 자기 명상
   메시지 그림을 보면서 칼라파스 자기 명상을 한다.

** 메시지를 에너지로 느끼면서 나와 하나가 된다.
   미립자와 생명의 나선 운동의 이해가 자기 명상을 더 깊게 해 준다.

chapter 4.

하이 셀, 치유그림 실전

"하이, 셀!" 하고 부르면서 내 몸의 셀을 직접 느끼며 그린다. 어린 왕자가 밀밭에서 여우를 만나 듯.

효과 : 내 몸에 대한 관찰과 집중을 통해, 내 몸이 보내는 신호를 그림으로 그리면서 몸과 소통하는 법을 깨닫게 된다.

　＊ 아픈 곳이 있거나 나의 힘이 강한 곳 혹은 약한 곳을 알 수 있어 스스로 심리적 관리를 할 수 있다.

　＊ 무기력한 기운을 변화시킬 수 있다.

　＊ 창의성, 영감 등 예술적 감각을 키울 수 있다.

 매일 아침마다 나는 종이 한 장을 앞에 놓고 내 몸을 바라
보면서 미립자 점들을 찍는다.

하루를 시작하는 신고식이다.

"오늘 하루 열심히 살겠습니다."

머리에서부터 발끝까지 느낌이 가는 대로 점을 찍거나

나선형의 원을 그린다.

내 힘의 근본인 세포들을 움직이게 하는 미립자들을 직접 느

낀다는 것 자체가 지금껏 말이나 생각으로 잘 하겠다는 추상

적인 것보다 더 실감 있는 행위라 나에겐 큰 힘이 된다.

눈을 감고 내 몸을 바라본다.

바글거리는 생명의 입자들을 느끼면서 내가 살아 있는 경이

로움도 함께 한다.

새로운 나의 능력을 만나길 바라면서 초록 원을,

건강한 힘을 바라면서 붉은 원을 그려

미립자 점을 채웠다.

살다 보면 우는 날도 많고,
지나보면 별거 아닌데 감정에 끌려다니는 게
습관이 된 것 같다.
쓸데없는 감정에 내 에너지를 소모하기 싫다.

인체도 그림을 펼쳤다.
내 몸에 집중하면서 몸에 느낌이 오는 대로
점을 찍어 나갔다.
배 부분에는 독특한 느낌.
점 하나 하나에 정성을 들이면서 찍었다.
저절로 타원형이 돌아간다.

슬픔에 대한 생각은 하지 않고 나의 60조 개 세
포에만 집중했다.
슬픔은 어디로 갔는지….

오늘은 정성껏 미립자들을 그렸다.

나를 부르는 미립자가 있는 곳을 향해.

점에 불과할지는 몰라도

실제로 내 몸의 입자들이 움직이는 걸 알겠다.

몸이 약한 나는 적극적으로 칼라파스 호흡을 하면서

하이 셀을 부른다.

아픈 부위부터 점을 찍는다.

우주의 기운이 나의 몸으로 들어오기를 바라면서.

오늘은 점들이 원 운동을 크게 하는 느낌이 든다.

어느 순간 맑은 몸, 맑은 정신이 되는 걸 분명하게 느낀다.

저절로 몸이 고요해지면서 명상이 된다.

나는 38년을 남들이 가는 대로 살았다

나이 마흔을 바라보기 시작하자

내 자신이 아직 사용하지 않고 있는 힘이 궁금해졌다.

뭔가 나오길 바라면서 내 몸의 힘을 자극하기로 했다. 세포에….

매일 하지는 못해도 꾸준히 한다.

매일 점을 찍었는데 오늘은 크게 반응하는 곳을 느꼈다.

이것이 무엇인지는 몰라도 잠들어 있는 곳을 깨우는 것 같다.

20분도 걸리지 않는 시간 동안 점을 찍을 때

나의 밭을 경작하는 것 같은 느낌이다.

가을에 달릴 결실이 궁금하다.

농부처럼 부지런히 밭을 일구자.

▶ 주짓수 선수가 될 거예요! _ 남, 초등학교 5학년

▶ 하버드대학 갈 거예요! _ 여, 초등학교 5학년

배가 부른데도 뭔가 먹어야 한다는 이 신호들을 거부하지 못하고 꾸역꾸역 먹다 보니 살이 5kg이나 불었다.

살이 찌는 것도 싫지만 먹기 싫은데도 억지로 먹는 이런 행위가 너무 싫다. 눈을 감고 왜 이런 행위를 하게 되는지 내 몸에 신호를 준 후 몸 어디서 반응이 일어나는지를 살펴보았다.

눈에 반응점이 먼저 일어났다.

음식을 눈으로 보는 것부터 시작해서일까?

눈이 시리다. 그리고 이어서 옆구리 쪽에 압박이 느껴진다.

"이런 안 좋은 것은 빼버리자!"

내 생각이 끝나자마자 뭔가 강하게 끌어당기면서 입으로 빠져 나간다. 전부 다 빠져나가길 바랐다.

나의 분노도, 나의 우울함도….

이런 느낌이 다사라지고 나자 나는 기분 좋게 하이 셀 호흡을 했다.

순수한 생명입자들의 힘이 내 몸에 가득하길 바라면서.

 회사를 운영하고 있는 나는 항상 재투자에 대해 신경을 쓰는 편이다.

이번 투자로 건물을 사야 할지, 새우 양식에 투자를 해야 할지 고민을 하다가 문제를 낸 것이 나라면 그 답도 내가 갖고 있다는 말을 듣고 나에게 묻기로 했다.

"나의 고민에 대해 길을 가르쳐 주길 바래!"

그리고 눈을 감고 내 몸이 답을 해 주길 기다렸다.

머리에서 지끈한 느낌이 일어났다. 직감적으로 '복잡하겠구나' 하고 느꼈다.

등 쪽에서 밝은 빛과 같은 줄기와 어두운 줄기가 나란히 서 있고 무릎과 다리는 무거웠다. 어두룬 색깔의 기운이 있었다. 무릎과 발에서 내 몸이 주는 메시지를 느껴본 결과는 그렇게 재미있는 투자가 안 될 것 같았다.

결론을 얻은 기분이 들어 마음을 비우고 두 눈을 감고 몸에 집중했다. 두 손에서 몽글몽글 봉봉봉 하는 빛방울이 올라간다. 그 느낌이 너무 신기해 내 입에서 봉봉봉 하는 소리가 흘러나왔다. 그리고 몸이 고요해졌다.

이렇게 빨리 명상 상태로 들어가다니 신기하고 놀라웠다.

몇 시간 동안 버스 여행을 하고 보니
몸이 너무나 피곤하다.
이때 내 몸의 상태가 어떤지 알아보라며
친구가 종이를 내민다.
기운도 없고 귀찮았지만 호기심도 일어난다.
명상을 좋아하는 나는 명상이 되는 그림치유라고 하니
눈을 감고 느린 호흡을 한 뒤 몸에 집중했다.
"내 몸의 상태를 알고 싶다."라고 물음을 던졌다.

가슴 부위에서 일어난 붉은 기운이
머리를 감싸며 흘러나가고
오른쪽 손으로 검은 기운이 스르르 빠져 나간다.
뒤이어 귀로 뭔가가 또 빠져 나간다.
마지막에 목 부분에서 반짝거리는 뭔가가 느껴진다.
좀 강하다.
한결 몸이 가벼워지는 게 느껴졌다.

고등학교를 졸업하고 바로 주방 보조로 일을 시작해 이제는 성공해서 식당을 운영하는데, 건강에 대한 불안이 멈추질 않는다. 암에 걸릴까봐 종합검사를 받아보면 이상이 없는데 왜 그럴까?

하이 셀 자가치유그림을 몇 번 해보니 내 몸에 대한 집중이라 나에게는 딱 좋다.

불안할 때마다 내 몸을 관찰하고 나면 마음이 편해진다.

이완하고 먼저 내 몸만 바라본다. 집중한다.

반응점이 오른쪽 배 부근에서 온다.

불안하다.

그럴수록 천천히 몸을 객관적으로 관찰. 배의 반응점이 끝나자 내 주위로 연두색 둥근 원들이 계속 그려진다.

한참 하고 보니 내 생각에서 뿜어내는 불안으로 흔들리는 에너지가 배로 가는 걸 알았다.

내 불안이 이 가스들을 만드는 걸 알게 되었다.

화가 많이 났다.

얌전하게 앉아 있는 아이 그림을 택했다.

나의 머리속에서 지글거리는 화를 아이 머리에서 빼 주었는데

그리다 보니 '화 나무'가 되었다. 나무에 꽃이 가득 피었다.

'화 꽃'이었다.

내 몸 속의 화 기운이 올라가 나무를, 꽃을, 피우는 게

신기하고 또 멋지다는 생각도 들었다. 내가 살아 있으니….

그림을 보고 나서 눈을 감았다.

그림과 똑같이 내 몸 안의 열기는 머리 꼭대기로 가서 나무와 꽃을 피웠다.

나는 정성껏 화 나무의 화 꽃을 피웠다. 훨씬 몸이 가벼워졌다.

머리 꼭대기의 기운이 다 빠지도록 60조 개 셀의 힘을 모아

내쉬는 호흡으로 밀어냈다.

머리에 구멍이 뚫린 것처럼.

좀 전까지만 해도 화가 났는데… 한결 기분이 좋다.

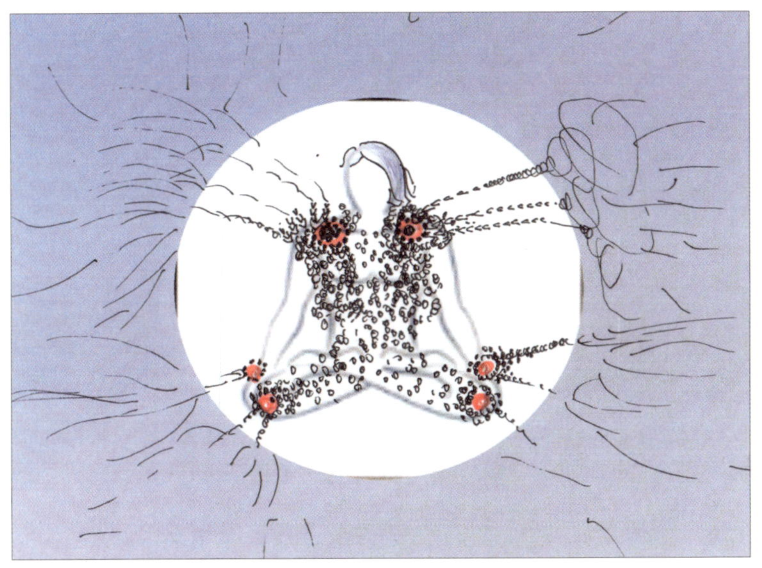

■ 감정 그림

■ 메시지 그림

손목, 어깨, 무릎….

아직 나이도 어린데….

 간호사를 뽑지도 않고 일을 많이 시킨다.

치유가 되길 바라면서 내 몸에 집중, 하이 셀 점을 집중하면서 돌리자

아픈 부분을 분해시키는 것 같다.

공작 꼬리가 메시지다. 눈을 감고 활짝 편 공작 꼬리를 떠올린다.

자신감, 힘, 우아함, 당당함, 아름다움. 그런데 이걸 나에게 찾으라

고? 파김치인 내게서? 그래도 해보자. 나를 위한 말이니 아주 천천히

내 머리 위로 공작 꼬리마냥 나뭇잎으로 그려나갔다.

상징은 초록색 색칠을 다 마치고 그림을 보면서 명상을 한다.

나는 매사 걱정이 많다.

전공이 적성에 안 맞아
바꾸었는데도 또 걱정이다.
온통 걱정에 묶여 있는 모습이
꽁꽁 묶여 있는 누에고치 같다

■ 감정 에너지 그림

느린 호흡을 하면서 눈을 감고 몸을 주시했다.
명치에서 쓰린 느낌으로 반응점이 있다.
몸에 계속 집중하면서 명치에서 걱정 찌꺼기를
입으로 뽑아냈다.
입으로 빠져 나가도록 하이 셀 나선으로 뽑아 주자
연기가 되어 사라진다.

■ 메시지 그림

이완, 느린 호흡, 내 몸 바라보기, 집중.
명치에서 뜨거운 열기가 생기면서
손에도 힘이 생긴다.
커다란 건물도 내 손으로 세울 수 있다는
생각이 들어 건물을 멋지게 그렸다.
뼈도 없는 것 같은 나의 손에 힘을
느끼면서 표현했다.
무엇이든지 열심히 손을 사용하면
머리로 하는 걱정은 고칠 것이라고
금빛 손이 전해 주는 메시지라 여긴다.

■ 감정 에너지 그림

취업 준비를 하다 보면 스펙 때문에 열을 받는다.

열등감도 생기고 무능력함을 느끼고

그러다 보면 나의 자존감은 휴지가 되어 버린다.

느린 호흡, 이완, 내 몸을 바라보기, 집중.

반응점은 오른쪽 젖꼭지.

머리에서 김이 부글거리며

손목은 수갑을 찬 것처럼 갑갑하다.

열등감이 느껴진다.

무거운 느낌이다.

고관절과 손목에도 묵직한 느낌이 든다.

나선형으로 천천히 뽑아 원 밖으로 배출한다.

처음엔 이런 행위가 의아했는데

감정 에너지를 객관적으로 볼 수 있는 것이 좋다.

이완, 느린 호흡, 나를 바라보기…
'날개'가 머릿속에서 떠오르면서
하트 모양이 떠올라
그대로 그리고 셀 점들을 찍어나갔다.
꽃잎이 보여 그린다.
마지막으로 빨강을 하이라이트로…
완전 마음에 든다.
사진을 찍었다.
멋진 자신을 보았다.
화이팅!

■ 감정 에너지 그림

나는 바이올린 음악학원을 운영하다가 세계적인 음악가를 꿈꾸며 큰 결심을 하고 음악학교를 가기 위해 학원을 처분하고 독일로 갔다. 생각과는 다른 상황에 공부를 포기하고 돌아왔다.
현실에 대한 막막함은 나를 불안하게 했고 몸도 힘들었다. 자신감은 어디론가 사라지고 점점 소심하게 변해 가는 자신이 더 불안했다. 무얼 해야 내 자신감을 다시 찾을 수 있는지를 몰라 헤매던 중 친구로부터 알게 된 하이 셀 치유그림을 접했다.

두 번째 그림을 그리고 나니 진짜 내 몸에 집중해 보기로 했다.
내 몸의 비밀을 알 것 같은 마음도 생기고, "나"라는 주제로 느린 호흡, 이완, 내 몸 바라보기에 집중. 원망이 나무 막대기처럼 가슴에 응어리로 붉게 올라온 걸 느꼈다.
신기하다. 내 몸에 이런 형태가 있다니. 그걸 단어로 분노라고 했는데 직접 에너지 모양으로 느낀다는 게 신기하다. 이 분노가 뭔지 알 것 같다. 열심히 몸 밖으로 빼냈다. 연기가 되어 사라지기를.
나의 비밀이므로 여기 적지는 않겠다. 씻어내자.

이번에는 느린 호흡, 이완,

내 몸 바라보기에 집중하면서 진지하게 새로운 힘을 갖기 위해

에너지 샤워, 그림 먼저 그리기….

몸에 집중하자 '소심함'이란 단어가 떠올랐다.

'소심함'이라는 생각으로 몸 바라보기에 집중했다.

몸 군데군데 꼬물거리는 게 느껴진다.

이게 소심함인가 보다.

에너지 샤워를 끝낸 후

하이 셀 명상 아이 그림에 나비를 그려나갔다.

"나비가 날아오르는 힘을 지녀야 하니 나비의 힘이 느껴

지는 곳에 하이 셀 점과 두 선이 만나는 지점에 하이 셀 꽃을

그려 보세요."

지도하는 선생님의 말에 따라 점들과 두 선이 만나는 곳에

노란 꽃을 피우자 그림에 힘이 생기면서 나에게도 힘이 전해졌다.

■ 나의 힘을 다시 찾을 수 있다면

■ 감정 에너지 그림

수도 없이 올라오는 자랑대회,

이젠 견디기가 어렵다.

탈퇴하고 보니

왠지 고립되어 망망대해에 떠 있는 느낌에 더 힘들다.

외로움을 떨치기 위해 나를 불러본다.

"안녕, 셀!"

느린 호흡, 이완, 바라보기, 집중.

머리에서부터 온몸으로 검은 기운이 흘러내린다.

약간 무서운 모습까지 보인다.

얼마나 내가 힘들어 했는지,

그냥 견디려 했다면 나의 영혼까지 털릴 뻔.

■ 감정 메시지 그림

감정 그림을 그리고 나니 후련하다.

"나를 위한 힘을 줘, 나의 셀!"

그리고 이완, 내 몸에 집중.

3개의 둥근 원이 나무처럼 자란다.

여기저기서 작은 원을 이어주는 형태로 간다.

나무에 피어 있는 꽃…

그래, 나의 창의력을 키우자.

내가 다른 사람과 다르다는 걸.

이 그림을 그린 후 매일 나만의 그림을 그리면서

명상을 한다.

■ 감정 에너지 그림

'충동구매.'
돈에 스트레스를 받으면서
눈에 보이는 대로 사는 나!
반응점은
가슴에서 뾰족한 느낌으로 아픔이 왔다.
그물망이 형성되면서
붉은 쓰레기 통으로 버렸다.
몸 안에 감도는 힘든 기운들이
발바닥으로 빠져 나가자
연기처럼 없어지면서
힘을 잃고 사라진다.
뭔가 신기하다.
정말 사라지는 걸까?

■ 메시지 그림

이완, 느린 호흡, "나를 위한 빛."
나를 위한 빛이라는 메시지가 떠오르자
정말 빛 속에 있는 것처럼 따뜻했다.
꽃을 든 여자가 지금 나의 기분과 같았다.
천천히 손이 가는 대로 긴 선을 긋고 나서
조금씩 그려나갔다.
나를 위한 노란빛을 찾아서.

■ 감정 에너지 그림

짜증과 함께 의욕 상실.

취업 준비로 오늘도 책상에 앉아 외국어시험을 준비

한다. 왼쪽 어깨가 굳으면서 컴퓨터 자판을 치기가

어렵다. 이완, 느린 호흡, 몸에 집중. 반응점이 왼쪽 어깨와 머

리, 감정 반응점인지 두 눈 사이가 묵직하다.

점점 어두워지는 그림.

난 원래 이렇게 어두운 사람이 아닌데…

팔 뒤로 빠져나가는 검은 에너지…

연두빛과 노란빛이 배에서 목 뒤로

그리고 머리로 올라가면서 흩어진다.

다 빠져 나가길…

7개 차크라 그림을 이용하여 이완,

느린 호흡을 하면서 차크라에 집중.

가슴 차크라에서 훨씬 많은 에너지가 느껴진다.

근래 가슴이 조여 오는 통증이 있었는데, 가슴이 풀린다.

훨씬 편해지고 짜증도 가라앉았다.

7개 차크라 활성을 위해 집중…

그리고 명상.

■ 감정 그림

■ 메시지 그림

나는 생리 때문에 겪는 고통이 심해서 약도 먹지만 우울증도 같이 온다. 그림이 도움이 될까? 의아했지만 일단 이완, 집중. 그리고 몸의 반응을 본다. 콧구멍에 반응점이 온다. 약간 시큰한 느낌. 배 쪽에 점을 찍듯 동그랗게 그리는데, 손에 힘이 들어간다. 일단 몸 밖으로 다 내보낸다. 더부룩한 배가 가벼워진다.

느린 호흡, 이완, 생각을 멈추고 몸에 집중. 내 몸의 세포들이 몸 밖에서 느껴지는 게 신기하다. 커다란 원이 구름처럼 떠 있다. '생명'이라는 단어가 떠오른다. 하이 셀 점과 둥근 원을 사용하여 그렸다. 푸른 색 문양이 몸에 들어오자 기분이 훨씬 밝아졌다. 무슨 원리인지는 모르지만 내가 그린 그림에서 힘이 느껴져 좋다.

■ 감정 그림

■ 메시지 그림

반응점인 머리에서 열이 나는 것 같다.

알 수 없는 사람들 마음. 그래서 답답하다.

붉은 원을 그려 밖으로 빼 준다.

눈을 감고 고요히 명상했다.

"그들도 이유가 있겠지."라는 말이 떠오른다.

그래, 그렇게 이해를 하고 나니 이제 편하다.

나선형 꽃이 그려진다.

■ 감정 그림

■ 메시지 그림

반응점 – 친구와 오해를 풀 기회를 놓쳤다.

네모 속에 가슴이 맴돈다. 나가지 못하고 꽉 막힘.

계속 그 자리에서 돌렸다.

종이에 구멍이 나자 시원하다.

조용히 마음에 집중하자 선풍기라는 단어가 떠오른다.

선풍기는 한 공간에 있지만 바람은 사방으로 퍼져 나간다.

오해는 풀지 못했지만 내 마음을 보낸다.

■ 감정 그림

■ 메시지 그림

자신감 없는 나는 남을 많이 의식한다. 비굴한 태도가 싫다.

"안녕, 셀! 강해지고 당당하고 싶어."

진지하게 셀을 부르고 몸에 집중했다. 반응점이 온다. 어깨, 배, 팔에서 약간 누르는 느낌. 느리게 선을 그으면서 내 몸에 집중, 관찰. 귀 부분에서 뭔가 자꾸 빠져나간다.

나를 사랑하라는 메시지를 느꼈다.

나의 가슴에서 흘러나오는 사랑을 바깥의 내가 안아준다.

순수한 내가 함께하는 나의 모습의 표현에 대해서도 놀랐고 편안한 마음이 비굴한 마음을 없애 주는 걸 알게 되었다.

■ 감정 그림

■ 메시지 그림

친구들과 대화가 안 된다. 답답한 마음으로 친구랑 헤어지면 항상 우울해진다. 왠지 거부당한 느낌. 나의 세포에게 물어 봐야지… 반응점은 가슴. 찡하고 울리는 느낌으로 온다.
항상 나 혼자 말하고 있는 허한 느낌이 가슴에 응어리가 된 것 같았는데 발끝에서 뭔가 나가는 느낌이다.

지금, 나의 가슴에 눈 하나가 나를 바라본다.
머리 쪽에 초록 물방울이 가득 떠올랐다.

기분 좋은 이 느낌을 간직하고 싶다.

■ 감정 그림

조용히 몸에 집중했다. 다소 우울한 마음으로.
반응점은 가슴. 콕콕 찌르고 배로 내려가고 눈이 시리다.
나선형으로 빼 준다.

■ 메시지 그림

미립자 원리를 생각하면서 그리는데
내 몸의 세포들이 새로 태어나는 것 같다.
새로워지는 느낌이다.

■ 감정 그림

무대에 섰을 때를 기억하자

머리속은 까맣고 손은 떨리고 발은 얼음.

■ 메시지 그림

구름 위에 앉아 소리를 지른다.

소리가 강하게 직선으로 뻗어간다.

자신감이 생기고 편안하다. 구름이 내게 힘을 준다.

■ 감정 그림

■ 메시지 그림

반응점은 머리 쪽에서 찌르는 느낌.

자유롭게 하늘을 나는 기분.

한결 편안하다.

■ 감정 그림

■ 메시지 그림

눈이 배에 있는 이상한 느낌이 있다.
이게 반응점인가 보다.

사각형 체크가 눈을 감고 느껴보니 보기에는 막힌 것 같았는데 길이 동서
남북으로 열려 있다. 거기에서 노래처럼 기분 좋은 움직임을 느낀다.
두려움이 사라지는 기분이 든다.

■ 감정 그림

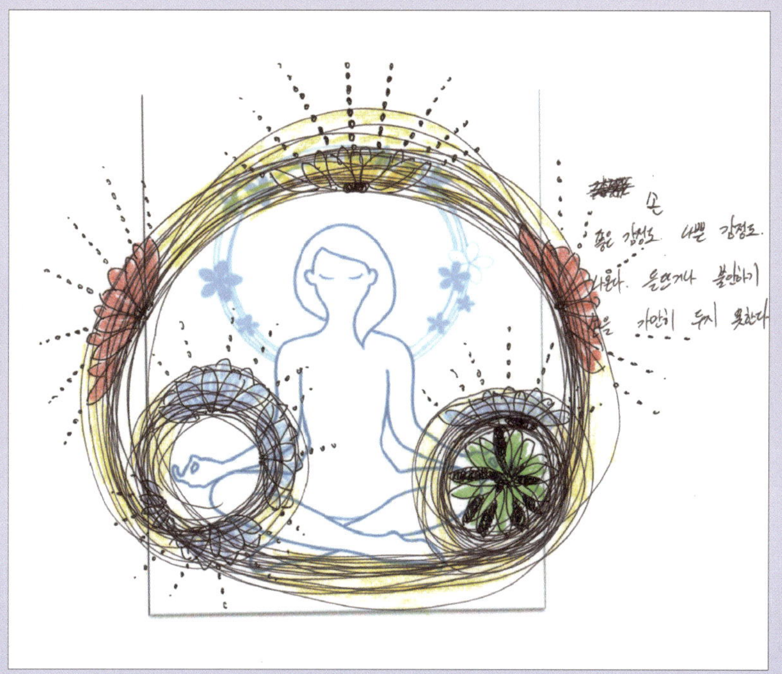

■ 메시지 그림

반응점은 오른쪽 손목이 심하다.

음식을 먹지 않으려고 한 게 손목을 괴롭혔다.

좋은 감정도 나쁜 감정도 손으로 빠져 나오는 걸 오늘 느꼈다.

손에 좀 더 집중하고 생각해보고 싶다.

오늘 회사 커피 타임에 동료가 말했다.

"너 허세증후군이야."

농담처럼 웃으면서 말했지만 머리를 한 대 맞은 기분이었다.

유독 일 머리가 없다는 말을 듣는 나는 회사만 오면 질식할 것 같았다.

이상주의자였던 나를 보고 순수한 여자라고 했는데…

지금은 바보 같은 나 자신을 감추기 위해 언제부터인가 내 자랑을,

거짓말과 함께 허세를 부리기 시작했다.

특히 읽지 않은 책을, 가보지도 않은 여행지를 인터넷에서 본 걸로 말하는데

동료들이 날 부러워하는 모습을 보자 존재감이 생기고 기분이 너무 좋았다.

그런데 요즘은 내가 말하기 시작하면 자기들끼리 이야기한다.

왕따를 당할까봐 두려운 마음도 생기고….

이 허세조차 멈추면 난 뭐가 될까? 창피하고 부끄럽다.

나는 결심했다.

"허세증후군"을 꼭 잡을 거야.

상황 그림을 그리는데, 허풍을 떨며 말하는 내 입이 싫었다.

거짓말을 거창하게 말하고 있는 나의 얼굴에 분홍색을 칠했다.

오늘은 분홍색이 정말 싫었다. 자꾸 자꾸 부끄럽다.

■ 상황 그림

■ 감정 그림

■ 메시지 그림

우울한 마음이라 차가운 종이를 선택했다. 인체도에 옷을 입힌 후 눈을 감고 이완. 느린 호흡을 하면서 내가 지닌 허세증후군을 생각했다. 내 몸을 주시했는데 내 주위로 둥근 원들이 모여 있다. 원들이 겹쳐진다. 붕 떠 있는 느낌이다.

작은 알갱이 같은… 이게 감정 벌레인가?

이상한 건 얼굴에 감정벌레가 있는 것 같아 분홍색을 진하게 칠했다. 얼굴을 칠할 때처럼 싫은 느낌은 여전했다.

그게 끝나자 가슴 쪽에서 쏟아져 나오는 외로움에 울 뻔 했다.

가슴 가득 들어찬 외로움, 이게 허세를 만들었는가 보다.

감정벌레를 잡고 나서 외로움으로 인해 허세가 만들어진 걸 알고 나니 밉지 않았다. 뭔가 새로운 자신을 발견할 것 같은 설렘도 일어난다.

이완, 느린 호흡, 몸을 주시, 집중. "꽃향기"라는 단어가 떠오른다. 이게 메시지이구나. 꽃을 들고 바람에 머리가 날리는 하이 셀 명상 아이 그림은 모습이 옛날 내 모습이었다. 손이 가는 대로 꽃 위주로 그려나간다.

꽃에 분홍색을 기쁜 마음으로 칠했다. 외로움 자리에 꽃향기로 가득 채웠다.

"허세여! 안녕."

"네가 준 이 꽃! 고마워…."

■ 상황 그림

■ 감정 그림

중3 때 학원을 마치고 나오다가 봉고차에 크게 다쳤다.
나이가 어려 몸은 빨리 회복되었지만 얼굴에 난 상처로 한쪽 볼이
비대칭이 되었다.
그로 인해 나는 대인관계가 불편해지면서 자신감도 사라지고 자꾸
위축된다. 마음만이라도 안 그러고 싶다.

그때 기억이 생생하다. 봉고차가 나에게 달려들 때, 순간 여러 개의 관이
내게로 날아오는데 진짜 무서웠다. 관을 자꾸 그리면서 죽음에 대한 공포
가 이렇게 큰 줄 몰랐다.
대인기피증이 아니라 죽음에 대한 두려움이 나를 힘들게 했다는 걸 조금 알
았다. 그 두려움이 왼쪽 옆구리에서 큰 반응이 온다. 열심히 빼 주었다.
내 두려움이 뭔지를 알았으니…. 얼굴보다 마음이 더 힘들었으니….

상황 그림, 감정 그림을 그린 후

하얀 종이를 앞에 놓고 눈을 감았다.

일단 내 두려움을 알고 나니 날 찾고 싶다.

편안하게 이완하고 느린 호흡, 자신 바라보기.

"셀 안녕!"

"안녕!"

내 얼굴에 세포들이 커다란 꽃을 피우는 것처럼…

커다란 원을 그리고

그 안에 동그란 원으로 가득 채웠다.

셀이 나의 씨앗이라는 말이 떠올랐다.

오늘도 나를 보면서 친구가 이렇게 말한다.

"어머, 너 화장 정말 잘 한다. 예쁘다. 너인 줄 모르겠어. 난 화장하고 싶어도 화장법을 잘 몰라서… 피부가 예민해서인지 아무거나 바르지 못해. 네가 부럽다, 얘!"

우엑!

나만 보면 내 화장을 칭찬하는 척하면서

자기 '생얼'을 자랑하는 친구가 참으로 피곤하다.

나는 매일 밖에서 물건 파느라 화장을 짙게 할 수 밖에 없는데,

저는 매일 좋은 화장품 바르고 마사지 받으러 다니면서…

친구지만 왕짜증!

방금 전화로 내가 쓰는 색조 화장품을 묻는다.

그러면서 "화장하지 않은 내 얼굴이 어디 아파 보이지 않니?"라고

은근히 자기 맨얼굴에 대한 나의 칭찬을 기다린다.

정말 얄밉지만 그 친구 '생얼'이 부럽다.

나를 초라하게 만드는 친구가 진짜 친구일까?

기분 전환.

그리고 나를 위한 나의 메시지를 알고 싶다.

■ 상황 그림

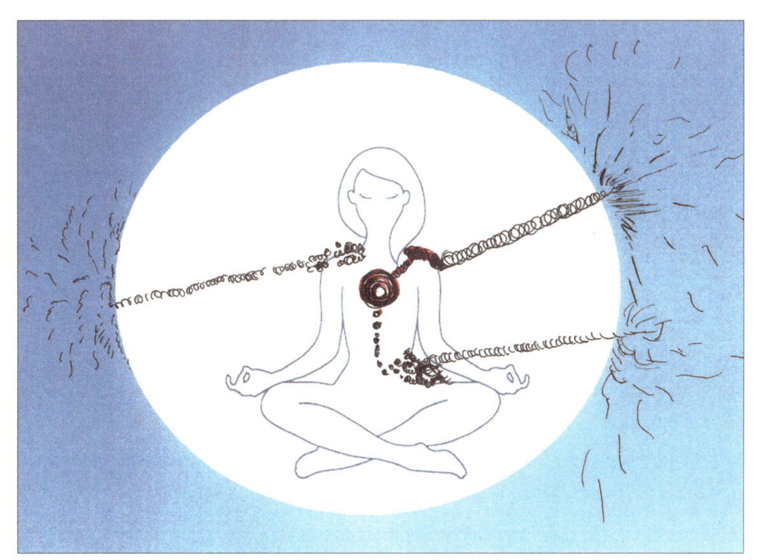

■ 감정 그림

■ 메시지 그림

계속 초라한 느낌이 들어서 다시 감정 그림으로 치유했다.

이완, 느린 호흡, 내 몸에 집중한다.

반응점은 가슴에 붉은 응어리.

이 느낌이 초라한 감정이 되어 나의 어깨를 눌렀는가 보다.

가슴의 응어리가 옆구리 쪽에서도 반응.

천천히 느리게 파란색 차가운 종이로 다 날려버렸다.

나를 위로하고 싶다.

"하이 셀!" 내게 미안한 마음으로 애정을 담아 다정하게 불렀다.

그리고 조용히 내 몸에 집중했다.

"사랑해!" 이게 내 최면인지는 모르지만 가슴 안에서 왈칵 눈물이 났다.

"고마워!" 나는 나의 가슴을 어루만졌다.

그리고 다시 눈을 감고 고요히 명상을 하는데, 오색방울들이 내 주위를

가득 채웠다. 잊기 어려운 경험이다.

내 친구는 저 멀리 사라졌다.

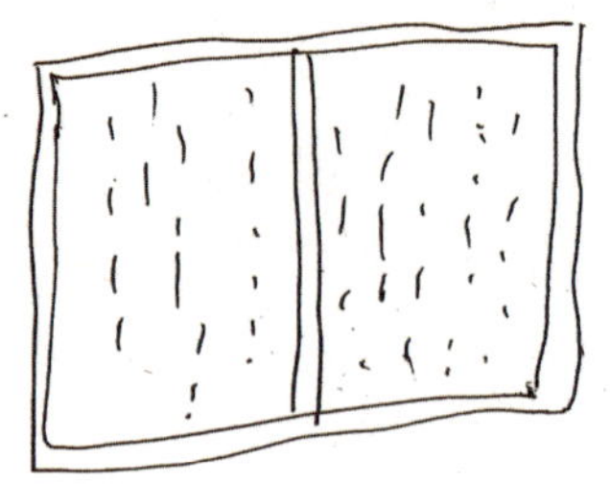

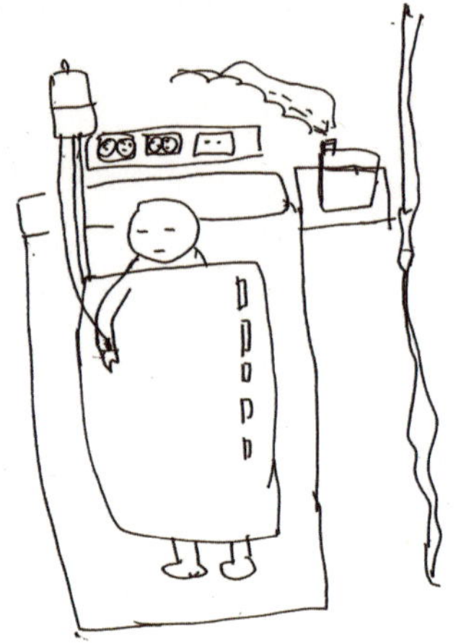

■ 상황 그림

■ 감정 그림

갑작스레 폐렴으로 입원했을 때가 아직도 나를 두렵게 한다. 고열과 기침으로 이 병원 저 병원으로 이동하면서 폐렴보다 더 알 수 없는 병명을 들이대면서 임상실험자가 되어 버린. 나는 중환자실에 있었다.
화장실, 식사 등 어느 것도 내 손으로 할 수 없었다. 죽음에 대한 두려움과 사람도 아니고 식물도 아닌 존재 가치가 없는 상태가 되자 혼란과 공포가 몰려왔다.
그리고 병원을 다녀온 후로는 삶에 대한 생각이 많이 바뀌었다.

병원에서 겪었던 힘든 마음이 지금도 나를 무겁게 한다.
이완, 생각을 멈추고, 나를 바라보기.
머리에 작은 판자 같은 게 누른다.
심한 반응점은 배이며 뜨거운 열기가 빠져나와 놀랐다.
그곳에 집중하면서 밖으로 빼 준다.

■ 메시지 그림

상황 그림, 감정 그림을 끝내고 난 후에

나를 칭찬해 주었다.

수고했어.

그리고 나를 바라보기,

생각을 지우고, 느린 호흡.

아이스크림이 떠오른다.

아이스크림이 내 메시지다.

기분이 좋다.

달콤한, 부드러운, 향기도 좋은 나를 위한 아이스크림.

커다란 나무와 나무에 나를 그리고 그 위에 아이스크림을 그렸다.

이 그림을 보면 병원에서 겪었던 끔찍한 기억을 없앨 수 있을 것 같다.

액자에 넣어 창문에 걸었다.

좋아, 좋아!

■ 상황 그림

■ 감정 그림

부모 복이 많은 친구는 소위 금수저. 시집도 잘 갔다. 그 애만 보면 부럽다. 그러지 말아야지 하면서도 부럽다. 나도 직장을 구했으면 덜할텐데, 이런 내 마음을 이겨내고 싶다. 마음을 다루자. 내 마음속에 뭐가 있는지.

기분이 꿀꿀해서 감정종이를 사용하지 않고 칼라파스 여자를 선택했다. 가슴이 뻥 뚫리기를 바라면서. 이완, 느린 호흡, 내 몸 바라보기, 집중, 반응점은 가슴 전체가 답답하다. 천천히 칼라파스 점으로 나선형을 그리며 풀어주는 마음으로 찍어나갔다. 조용히 점을 찍는 동안 부러워 하는 마음이 가라앉기 시작했다.

가슴이 시원하게 뚫린 기분 속에서

눈을 감고 나 바라보기.

김이 모락모락 나는 따뜻한 커다란 송편이 떠오른다.

송편을 어떻게 그려야 하는가 싶어 집중했는데,

그 의미는 감사였다.

가을 추수에 농부들이 땅에,

하늘에 감사드리는 상징임을 알았다.

하이 셀 명상 아이 그림을 보니 이런 생각이 났다.

'아, 나도 저렇게 감사드리자.

우리 아기도 무럭무럭 자라고

남편도 열심히 사는데'

괜히, 쓸데없이 부러워하고 있었네.

송편 같은 선을 몇 개 그리고 나서

하이 셀 꽃과 하이 셀 점으로 채웠다

이렇게 예쁘게 살자.

가을 황금빛, 노랑을 상징색으로 정했다.

■ 상황 그림

고등학교 때 어처구니없이 봉변을 당했다.
돈을 달라며 덤벼든 남자,
너무 무서워 고개도
못 들었다.
지금도 그때 생각을 하면 정말 오줌을 쌀 정도로
무섭다.
분노도 일어나지 않고 그냥 무섭다.
영원히 잊어버리고 싶은 기억인데 지워지지 않고,
일상에서도 덩치 큰 남자만 보면 난 고개를 숙이
고 피한다. 오늘은 정말 용기를 낸다.
지금도 떨린다.

■ 감정 그림

기억을 떠올리고 나니 머리가 아프다.

마음을 가라앉히기 위해 느린 호흡을 하면서 반응점이 오른쪽 머
리에서 느껴진다. 콕콕 쑤시면서 빙빙 도는 것 같다. 머리에서는
구멍이 날 정도로 나선형이 멈추지를 않는다. 벌벌 떨리는 감정이
어깨를 따라 종이에 그려 나갔다. 마지막에 머리 가운데로 휙 빠져
나간다. 시원하다. 제발 다 사라지기를.

■ 메시지 그림

하이 셀 아이 그림 중에서 용을 택했다.

강해지고 싶어서.

그림을 그리기 시작하기 전에 용을 느끼면서 하이 셀 호흡을 했다.

내 몸의 세포들이 다 용처럼 강해지길 바라면서.

chapter 5.

하이 셀 자기계발 그림

사업 걱정 _ 남, 35세, 식당 운영

■ 메시지 그림

식당을 하다 보니 몸이 아프지 않은 곳이 없다.

손님들이 건강에 대한 이야기를 할 때마다

민감하게 반응하면서 걱정을 많이 한다.

친구가 하이 셀 그림을 그려 보라고 권했다.

귀찮은 마음 반, 호기심 반이다.

손해볼 게 없으니 일단 해본다.

"하이 셀!" 어색하게 부르면서 몸에 집중했는데

나뭇잎들이 내 몸에서 나왔다.

어릴 때 그림 실력을 발휘하면서 그냥 즐겁게 그렸다.

다 그린 그림을 보면서 명상을 한다.

나뭇잎을 느끼면서 조용히 앉아 있는데,

땅에서 힘이 들어오는 걸 느꼈다.

내 기분인지는 몰라도

나의 나뭇잎으로 땅의 힘을 다 보냈다.

감정 그림을 그린 후 머리와 마음이 맑아졌다. 머리속에서 뭔가 먹어야 한다는 강한 압박이 멈춘 것이 신기했다.

다시는 이런 증상이 일어나지 않도록 느리게 호흡을 하면서 하이 셀들을 흡입했다.

충분히 가슴을 열고 비전 그림으로는 하이 셀 거북그림을 택해 그렸다. 급한 마음으로 당장 나타나는 결과를 바라다 보니 고치는 게 어려웠다.

끈기를 배우고자 거북이 그림 셀을 택해 천천히 그려나갔다. 중간 중간 눈을 감고 나의 몸에서 밀고 나오는 힘이 느껴지자 몸에 허한 느낌이 많이 가라앉았다.

마음이 편해지자 허겁지겁 먹는 일도 가라앉았다.

장사가 안 된다.
돈을 벌 수 있는 힘을 내 안에서 찾고
싶었다.
느린 호흡, 이완 후 내 몸에 집중하면서
깊이 들이쉬는 숨에 내 몸의 세포들이
와글거리는 걸 느낀다.
그리고 모란 꽃 그림을 선택해서 풍요
로운 자신을 위해 마음을 낸다.
나의 소원을 빌면서.

흐뭇하다.

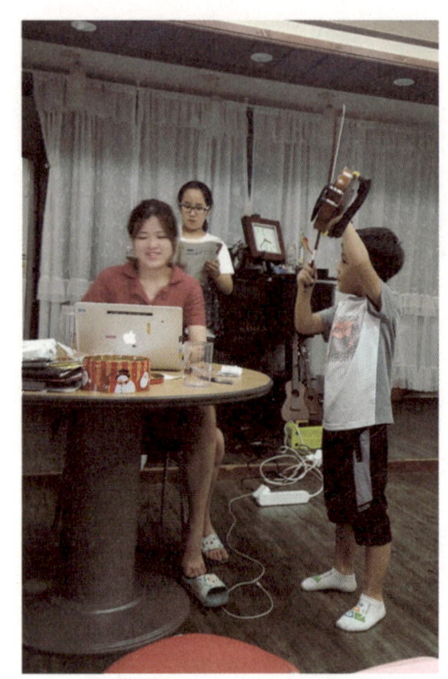

■ 메시지 그림

나의 비전그림을 택했다.

에너지 샤워라는 게 이해되지 않았지만 몸에 반응이

오는 게 신기했고 이렇게 많이 아팠다는 걸 알았다.

꿈을 다시 펴고 싶은 마음으로 하이 셀 인물에

꽃 그림을 그렸다.

지도하는 선생님이 조언했다.

"꽃에 힘이 있어야 재능을 피우지요?

한 번 더 집중해서 그 힘을 표현해 보세요.

그게 바로 자신이 가지고 있는 힘이지요."

'나의 힘?' 그리고 꽃에 집중.

내 힘에 집중하면서 힘을 상징하는 걸로 망을

그렸다.

머리에 찌릿한 느낌을 느끼면서

"뭔가 소생할 수 있구나."라는 가능성이

내 몸에 솟아나기 시작했다.

하이 셀 명상 그림을 택했다.

내 몸과 마음이 잘 전달되는 것 같아서,

내 몸이라 여겨지면서 머리와 얼굴,

목을 각각 천천히 집중해보니 내 몸에 각각 다르게

느껴지는 묘한 느낌이 들었다. 이렇게 내 몸에 집중

하면서 표현해보기는 처음이다. 재미도 있다.

이런 느낌으로 바이올린 소리를 찾는다면…

뭔가 망치로 맞은 느낌이다.

내 몸의 울림이 소리로, 그렇구나!

목소리도 내 몸의 울림이니…

그림을 그리는 내내 나는 내 몸이 바이올린이 되어

음악을 켜고 있었다. 바이올린의 살아 있는 소리는

내 몸이 살아 있어야 낼 수 있다는 걸 알았다.

우주의 비밀을 알게 된 것처럼 가슴이 뛰었다.

지금도 이 그림을 보면

내 몸이 울려 주는 소리와 함께 자신감도 갖는다.

■ 메시지 그림

오늘 따라 기운이 너무 없어서 걷기도 힘들었다.
"지금 내게 필요한 힘이 뭐지?"
집에 와서 하이 셀 종이를 앞에 놓고 느린 호흡과 이완
을 통해 내 몸을 바라보며 에너지 흐름에 집중했다.
"땅"이라는 메시지가 떠올랐다.
땅의 에너지를 어떻게 그려야 하지?
땅을 생각하면서 그리다 보니 사각형과 집 모양이 나왔
다. 내가 그 안에 앉아 있는 모양이 기분이 좋다.
기운이 없어 그릴 수 있을까 싶었는데
후딱 시간이 지나가고,
화려한 색깔 속에 땅의 기운과 하이 셀 점들이
힘을 힘껏 뿜어 주었다.
오늘도 나를 위한 멋진 그림을 그렸다.
이 그림을 보면서 매일 땅에 대한 명상을 한다.

너무 많은 일에 묻혀

책임을 다 하려 애쓰다 보니 녹초가 되었다.

밀린 일들이 점점 쌓여가고 너무 지친다.

나를 보고 번 아웃 증후군이라 한다.

꽃향기 속에 앉아 있는 하이 셀 그림을 이용해 그림을

그리기 시작했다.

손이 가는 대로 긴 선과 나뭇잎 모양.

내 몸이 비눗방울처럼 움직이며 올라가는 기분 좋은 그림이다.

하이 셀 호흡, 명상…

완성된 그림을 보면서

하이 셀 호흡을 했다.

깊이 들이 쉬는 호흡, 내쉬는 호흡을 하면서 나의 세포에 집중했다.

피로가 눈에 띄게 회복된다.

나의 업무로부터 자유로워질 수 있는 편안한 마음이 되었다.

■ 메시지 그림

■ 메시지 그림

매일 그 사람을 보는 데도 용기가 나지 않는다.
짝사랑? 그 사람과 사귀고 싶어서
소망 그림을 그리기로 했다.
느린 호흡, 이완하면서 불쑥
"안녕 셀! 예뻐지고 싶어!"라는 말이 나왔다.

나비 그림 속에 내가 있는 그림을 그린 후
눈을 감고 명상을 한다.
흑백 그림에서 빛들을 본다.
빛을 보는 게 재미있어 매일 하고 있다.

사람들이 나를 보고
"화사하네요."
그리고 "예쁘다"라는 말도 듣게 되었다.

■ 메시지 그림

이것저것 실패하고
이제는 독수리처럼 강하게
걸림 없이 날고 싶다.
성공을 위해
무의식적으로 그린 문양에서
나오는 힘들이 좋다.
차바퀴처럼 잘 굴러 가길 바란다.

이 그림은
나의 꿈을 이루도록
힘을 주는 그림이다.
내 몸의 미립자들이
왕성하게 움직인다.

■ 메시지 그림

나이를 먹어가니

남들 눈치가 보여 빨리 승진해야겠다는 생각이 든다 .

남보다 더 능력이 있다고 여기는데

인내심이 부족해 빨리 그만둔다.

눈을 감고 "하이 셀"하고 부르면서 기다리는데,

내 몸이 거북 눈처럼 보였다.

하이 셀 거북 그림을 선택했다.

그래, "거북아! 나에게. 인내력을 가르쳐 줘."

내가 거북인 것처럼, 거북에 집중하면서 그려갔다.

빠르진 않아도 포기하지 않는 거북과 함께 가니 좋다.

학교에 다닐 때도 시험, 직장에서도 승진시험.

으윽, 힘들다.

이제 공부 머리도 안 되는데…

합격을 기원하는 마음으로 하이 셀 잉어 그림을 택했다.

"하이 셀! 시험에 합격해야 해."

이완 , 느린 호흡, 조용히 몸을 바라보았는데,

태양을 향해 뛰어 오르는 잉어가 펄떡거리는 힘이 느껴져 깜짝 놀랐다.

눈이 둥그레진 나는

열심히 그린 그림을 책상 앞에 붙여놓고 공부를 한다.

지겹다는 생각이 들지 않는 것만 해도 성공이다.

■ 메시지 그림

■ 메시지 그림

글을 쓰고 싶다. 내가 살아 온 이야기를.

글 쓰는 힘을 갖고 싶어 하이 셀 그림을 시작했다.

가슴에 손을 포개고 있는 여자아이를 선택.

즐거운 마음으로 '하이 셀'을 불렀다.

시냇물이 산꼭대기서부터 내려와 가슴을 적신다.

시냇물이 몸을 따라 흐르자 생기가 돋는 것이 느껴졌다.

이런 느낌이 생기면 글을 촉촉하게 적시며 쓸 수 있겠다는 생각이 들면서

흐뭇하다.

이 그림은 글쓰기 명상 그림이다.

나는 어릴 때부터 나를 내세워 본 적도 없고 도전해보는 모험심도 없다.

그러다 보니 매일 똑같은 시간의 연속이다.

변화를 주고 싶다.

요즘은 정말 자기홍보 시대인가보다.

창피할 것 같은 것도 떠벌리며 자랑하는 이들이 오히려 멋져 보인다.

나도 나를 자랑하고 싶다.

나의 의견을 주장하고 싶다.

너무 오랫동안 뒤에만 있었다.

"하이 셀"을 부르면서 내 안의 나를 꺼내는 걸 원한다고 말했다.

공작을 통해 그의 화려함을 전수받으라 한다.

멋지게 꼬리를 펴고 걷는 그를 배우고 싶다.

매일 색을 완성하면서

온갖 색이 지니고 있는 힘에 대해 명상을 하면서 그린다.

무척 재미가 있다.

■ 메시지 그림

■ 메시지 그림

보험 가입을 권하는 일은 어렵다.
스트레스가 너무 심해서 "하이 셀! 어떻게 해야 해"라고 물었다.
'삼각형.'

처음엔 무슨 의미인지 몰라서 그냥 삼각형만 그려나갔는데,
집중력이었다. 결국 나는 상대방의 거절에 대한 두려움으로
내가 하는 일에 집중하지 않았다는 걸 알았다.
그 다음부터는 사람들과 만나는 것이 덜 두려웠고
나의 일을 잘 할 수 있게 되었다.

이 그림을 보면서 삼각형 명상을 한다.
꼭지점에 의식을 두자
내 몸이 단단해지는 기분이 들었다.
단단해지는 게 집중이지….

■ 메시지 그림

하이 셀 치유그림으로
버스 여행의 여독이 너무 쉽게 풀려
바로 이어서 비전그림을 그렸다.
행복이라는 단어가 떠오르자 나비 그림을 택했다.
가슴에 차오른 행복이
레이더 망처럼 점점 커지더니
비눗방울 같은 것이 흘러내렸다.
몸에 생기가 돌고 눈에 힘이 들어가면서
번쩍 뜨였다.
몸 전체에 흐르는 고요한 좋은 느낌…
그림을 보면서 저녁 명상을 했다.

남자친구의 관심이 멀어지는 것 같다.

온 몸에서 힘이 빠져 아무것도 할 수 없다.

이러다 우울증에 걸릴 것 같다.

나를 다시 일으켜 세워야겠다.

■ 비전그림

가슴에 손을 얹고 있는 하이 셀 명상 아이 그림이 마음에 든다.

자신을 사랑하는 여자의 모습이 예쁘다.

■ 하이 셀 호흡

느린 호흡을 하면서 내 몸의 최소 생명 입자들에게 집중했다.

이완, 칼라파스 미립자들에게

나를 강하게 만들어달라고 염원을 보냈다.

손이 가는 대로 양 옆에 긴 선을 그리면서 조금씩 채워나갔다.

마무리로 미립자 하이 셀 점들을 뿌려주었다.

나를 에워싸고 있는 힘이 느껴지는 그림이 되었다.

나를 사랑하는 여자가

남자친구에게 매달리는 모습보다

훨씬 강하고 아름답다.

■ 메시지 그림

4대 원소로 명상하다 _ 남, 48세, 사업체 운영

4대 원소 하이 셀은?

1. 이완, 느린 호흡, 몸에 집중.

2. 가느다란 호흡을 바라본다.

   태양총에서 반응점이 온다, 묵직하게.

3. 천천히, 느리게 4대 원소가

   내 몸의 질료임을 의식하면서 그린다.

4. 용처럼 불이 강렬하게 움직이는 것을

   감정에 따라가지 않도록 이완하면서 에너지를 따라간다.

5. 끝나고 나서 그림을 보면서 호흡을 했다.

   좀 전에 느끼던 불의 힘에 집중하면서.

지금 나에게 필요한 힘은 무엇인가?

요즘은 하이 셀 그림을 자주 그린다.
내 몸에 집중하는 시간을 많이 가질수록
스스로 힘을 키우는 방법이
많다는 걸 알았다.
매력적인 그림이다.

내 몸의 7개 보물 에너지가 있는
차크라에 집중하면서 느껴지는 대로 그렸다.
차크라에 붉은 색의 기운이 많이 느껴졌고,
몸 전체에 노란 빛의 기운이 가득 했다.
노랑색은 풍요와 사회적인 힘이라 했는데…
내 자신이 우주적이라는 걸 조금은 느낀다.

난 불이 좋다.

불이 내 몸이랑 어떻게 연결돼 있는지 궁금
하다. 불을 상징하는 배꼽과 명치 사이에 있
는 태양총에서 사회로부터 받는 고통을 이겨
내는 힘이 나온다 했는데…

지, 수, 화, 풍 4대 원소의 힘을 느끼고자 그
리니 불 쪽으로 가장 많이 움직인다.
지금 필요한 힘인가 보다.

이 그림과 함께
4대 원소에 집중하면서 호흡과 명상을 한다.
재미있는 오락을 한바탕 한 것 같다.
재미있다.

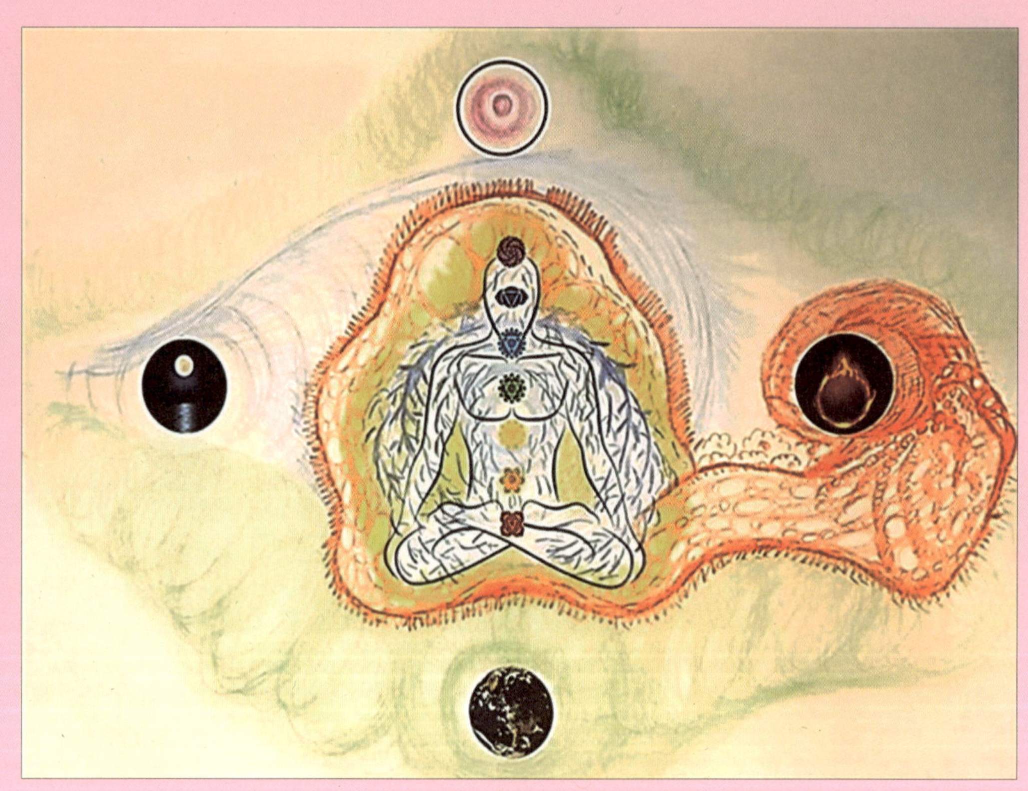

힘들게 상황 그림과 감정 그림을 끝내고 나니
미루었던 오래된 숙제를 푼 기분이다.
15년, 긴 시간 동안 시달렸는데…

4대 원소 명상 그림을 그리기로 했다. 이완,
느린 호흡, 몸에 집중하는데 "힘"이라는 단어
가 계속 떠오른다. 나에게 필요한 단어인가.

불의 기운에서 꽈배기 모양이 나왔다.
그래, 지구 힘이여, 나에게로! 일단 기분은 좋
다. 4대 원소의 힘이 나의 몸속으로 들어가길
바라며! 4대 원소와 셀에 집중해 계속 부르면
서 그렸다.
와, 내가 봐도 멋지다.
내 힘의 그림.
액자에 넣어서 머리맡에 두기로 했다.

오늘은 인터넷에서 가져온 차크라 그림을 이용해서
내 몸이 어떻게 연결되는지에 집중했다.

물에서 느껴지는 차가움
불에서 느껴지는 역동성
바람에서 느껴지는 비움
땅에서 느껴지는 냄새

전혀 사용하지 않은
독특한 나의 감각들이
창의적 힘을 만들고 있다.

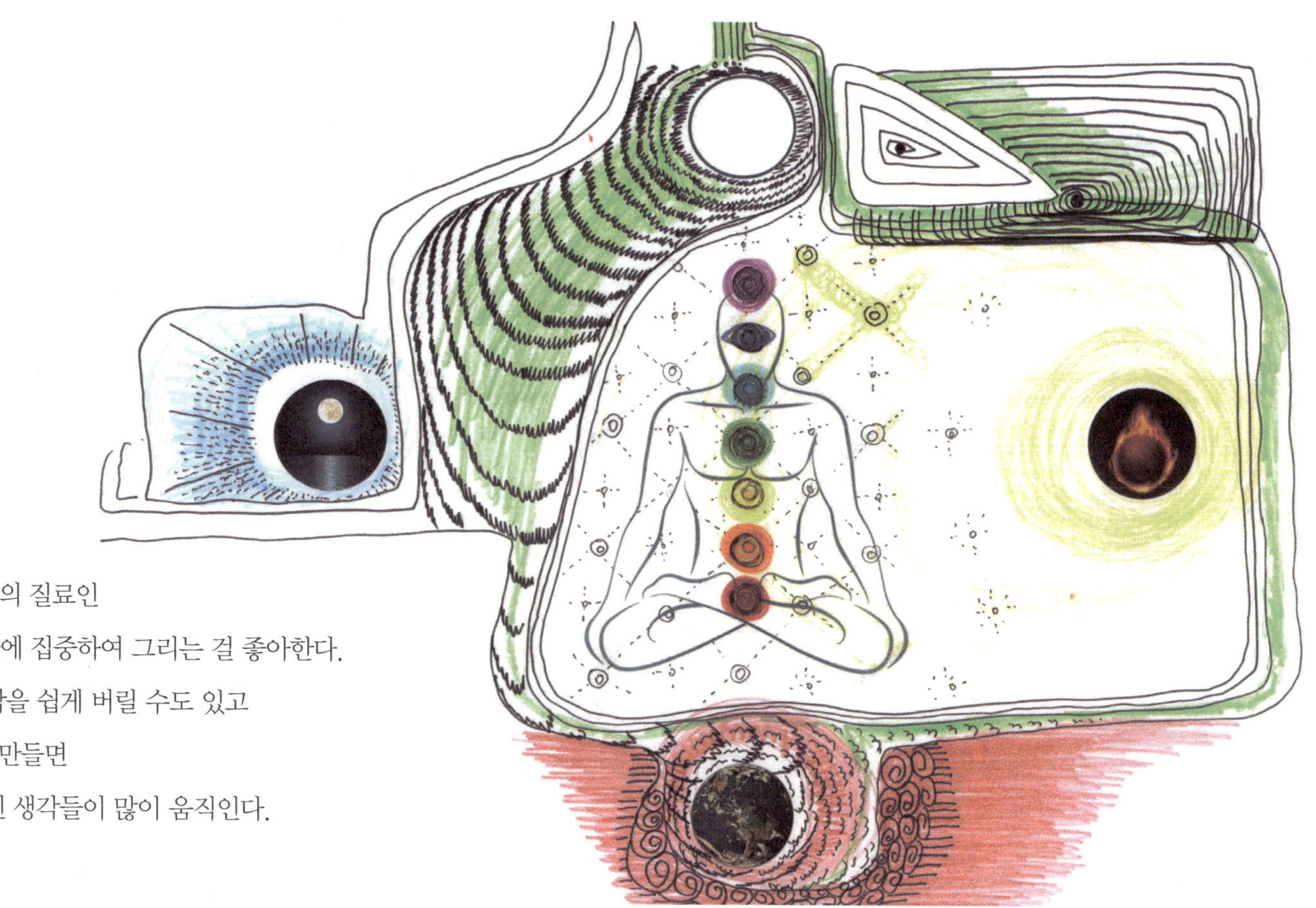

가끔 나는 내 몸의 질료인

땅, 바람, 물, 불에 집중하여 그리는 걸 좋아한다.

자질구레한 생각을 쉽게 버릴 수도 있고

또 다른 공간을 만들면

나만의 독창적인 생각들이 많이 움직인다.

창의성을 키우는 하이 셀 명상 그림을 선택했
다. 이완, 느린 호흡. 내 몸을 바라보면서 "하
이 셀"하고 불렀다.

빈 마음으로 있는데, '흰색'이라는 단어가 떠
오른다. 그런데 하얀색이 초록빛이다. 뭔가
말이 맞지가 않는다.
그래, 틀을 깨고 그냥 느껴보자.

마음을 비우고 느린 호흡과 이완을 하자 초록
색 하얀 둥근 원이 둥둥 떠 있다. 틀 없는 느
낌, 이것이 바로 창의성을 지닌 에너지 같다.
그림을 보면서 계속 들숨 호흡을 깊게 하면서
몸 안에 초록빛 에너지를 가득 채웠다.
틀 없는 에너지…

chapater 6.

하이 셀 치유그림 여행

자연 속에서 살고 있다.

지나는 바람, 공기, 땅 위에 피어난 풀 한 포기에도 사랑이 있다.

내가 만들어내는 사랑이라는 따뜻한 기운이 결국 나를 치유한다.

모든 것이 사랑이야.

"오름아! 너도 그려 볼래?"
"인생만큼 아름다운 건 없다."

광활하게 펼쳐진 들판과

불쑥 불쑥 솟아오른 오름을 한눈에 보여주는 산굼부리는 억새꽃 천지였다.

하얗게 빛나는 억새 들판에서 강인함과 화려함을 보았다.

나도 그런 힘을 갖고 싶어졌다.

억새밭을 생각하며 눈을 감고 몸에 집중했다.

억새꽃 흰빛 속에 퍼져나가는

오색 무지개 방울들이 느껴진다.

산굼부리 분화구 안에서

커다란 생명의 힘이 퍼져 오르면서

수많은 다양한 힘을 받고 있는 나를 보았다.

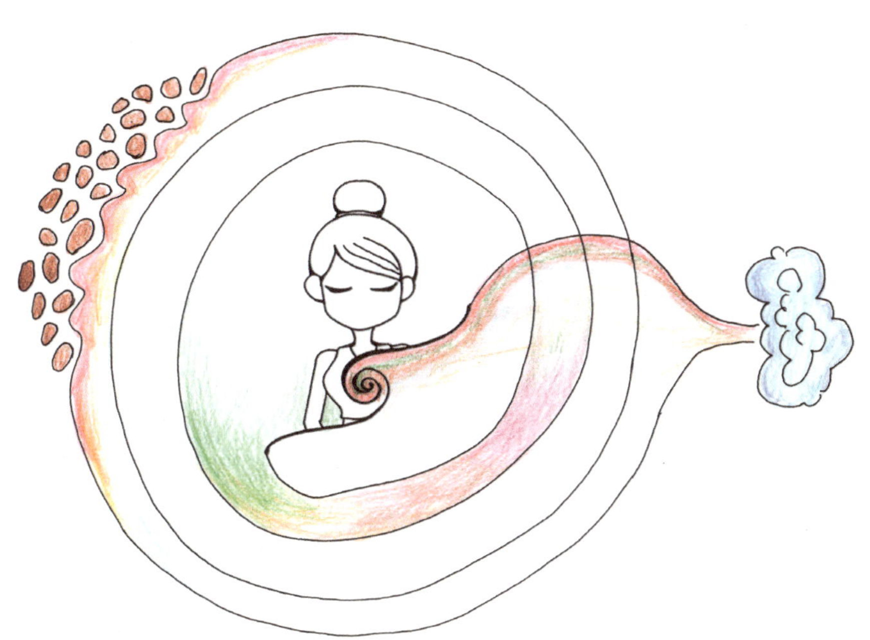

오늘은 수학여행을 왔던 때와 만장굴의 느낌이 아주 달랐다.
남편에게 "엄마 뱃속 같아!"라고 했는데, 마지막 코스에서 세계에서
가장 크다는 석주가 어머니 탯줄처럼 생겼다는 느낌이 들었다.
잠시 호흡을 한 후 하이 셀 그림으로 느낌을 간략하게 그렸다.
그리고 집에 도착해서 좀 더 손을 보았다.

느린 호흡으로 엄마 뱃속에서 영양분을 흡수하듯 천천히 그리
면서 즐겼다.
남편이 궁금한지 물었다. "재밌어? 뭔가 느껴져?"
기운을 느끼지 못해도 내게 온 시간이 주는 행복함을 간직하는
게 좋다.

■ 첫 번째 그림

아내는 여행지마다 느낌을 간략하게 기록하듯 하이 셀 그림을 그렸다. 그런 모습이 보기 좋아 사진을 찍어 주면서도 자기계발과 자기치유가 된다는 그림이 궁금했다.

오늘 내내 머리가 아팠고 치유가 될까 싶어 반신반의 하면서 한 번 그려 보기로 했다. 그림과는 거리가 먼 내가 "그릴 수 있을까?"라고 하자, 아내가 말한다. "이건 누구나 그릴 수 있는 거야. 자기 내면에 집중만 하면 돼."

아내의 말에 용기를 갖고 그려 나갔다. 그림이 아니라 낙서였다. 가슴에서 끓어오르는 답답함 때문에 가슴 부분에 검은색을 미친 듯 그었다. 아내처럼 멋지게 그려야지 하고 생각했는데, 왜 이렇게 사납고 무서운 그림을 그렸는지, 아내가 말했다.

"남편! 뭔가 힘이 드는가 보네…."

내가 의도하지 않고 느낌 가는 대로 그려 나가는데 뭔가 금이 가는 것도 뒤죽박죽… 머리가 더 아픈 것 같아서 그만두려고 하다가 이게 지금 내 모습이라는 생각이 들었다. 한 번 더 그리기로 했다.

■ 두 번째 그림

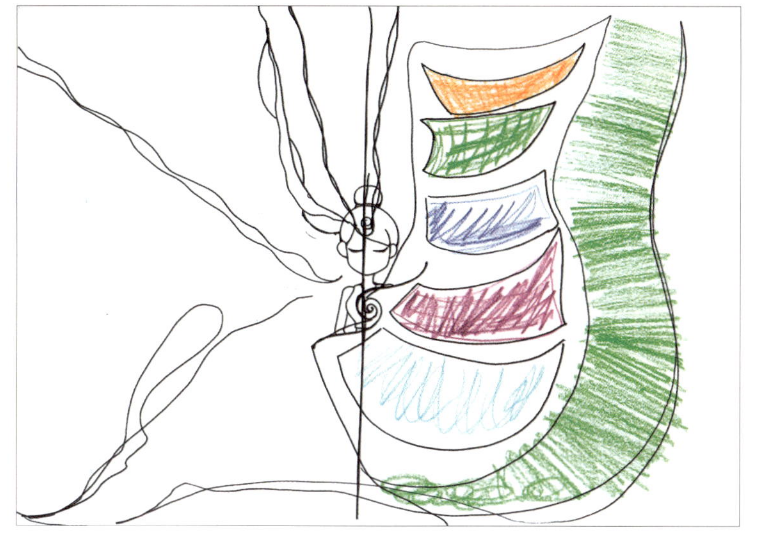

■ 세 번째 그림

험한 모습의 그림이 싫어 가슴에서 노래가 흘러 나오는 여자 그림을
선택했다. 호흡을 깊게 하면서 집중을 해 천천히 그려 나가라는 아내
의 말대로 하려 했지만 손이 빨라지고 거칠게 나간다.
첫 번째 그릴 때와 조금 다른 점은 선이 거칠긴 했지만 일정한 속도를
지키면서 긋고 있었다는 것이다. 새까맣게 칠하던 가슴에서 선이 풀
어져 나갔다. 그림을 끝내고 나니 가슴이 훨씬 편해졌다.

의도하지 않았지만 알아서 찾아가는 나의 흐름이 점점 더 궁금해졌
다. 처음 시작했던 여자 그림을 택했다.
펜을 잡은 손에 힘이 들어가면서 선을 긋는 손이 느려졌다. 뭘 의미하
는지는 모르겠지만 정리가 되는 것 같고 색도 칠하고 싶어졌다.
그림을 끝내고 나자 두통약을 먹으려던 생각이 사라졌다.
도대체 이 그림은 뭐지? 머리는 왜 괜찮아진 거지? 다시 도전~

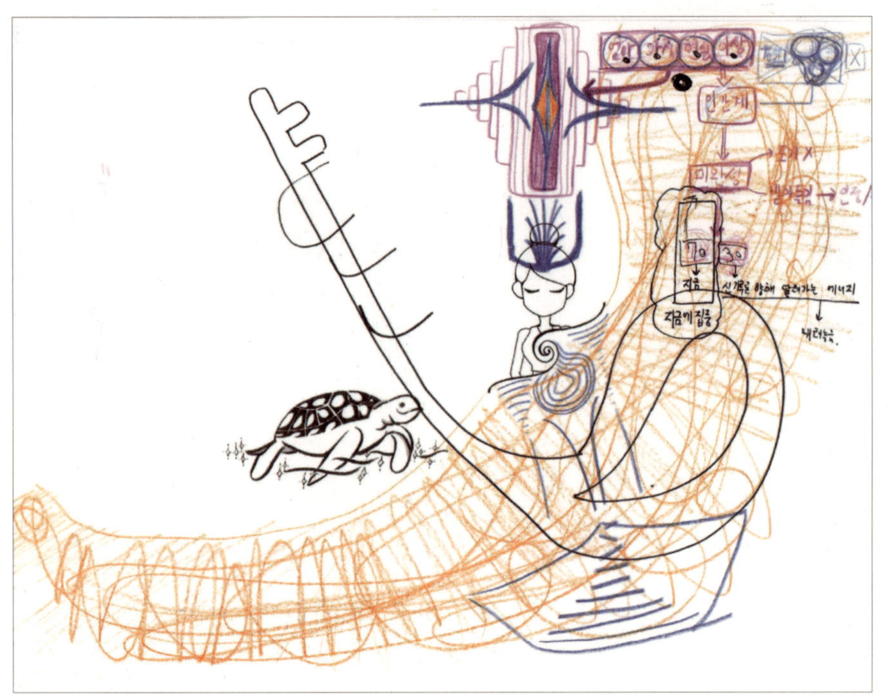

그림은 내가 갖고 있는 문제를 보여 주었다.
어떻게 풀어야 하는지도 가르쳐 주었다.
"내 몸이 답이다."

■ 네 번째 그림

아내도 내 그림이 바뀌는 걸 보면서 "반응이 빠르네!" 라고 말했다.

이번에는 장수, 부귀를 나타내는 거북 그림을 택했다. 머리가 아프지 않으니 마음도 차분해졌다.

몸을 느끼면서 그리라고 한다. 호흡도 느려지고 집중력도 높아졌다. 그리다 보니 열쇠 모양의 그림이 나왔다. 현실의 문제를 푸는 키? 궁금증이 더 생겼다.

내가 그리는 그림이지만 점점 신기했다.

다 그리고 나자 그림은 내가 갖고 있는 문제를 보여 주었다. 어떻게 풀어야 하는지도 가르쳐 주었다.

직장, 결혼생활, 부모님 문제, 그리고 또 다른 일들… 이와 같은 것들이 한꺼번에 내게 짐으로 다가온 순간 억지로 밀고 나가면서 몸부림치다가 아팠다는 깨달았다.

그림은 나에게 사회적 관점이 아닌 내 방식으로 풀어가라고 가르쳐 주었다.

하이 셀 그림은 "내 몸이 답" 이라는 걸 가르쳐 주었다.

우울하게 흐르는 기분을 풀고자
세검정에 갔다.
햇살이 기분을 풀어 주었다.
내 머리 위로 흐르는
햇살의 미립자들을 느끼며
머리 위로 점을 찍어 나가다가
묘한 문양이 그려졌다.
"와!" 몸 전체가 자석이 되어
햇살이 전기를 띤 것처럼
몸이 감전된 것 같아 깜짝 놀랐다.
그리고
깊은 집중 상태에 들었다.
하이 셀 그림으로
멋진 경험을 했다.

나는 두 아이의 엄마이자 간호사다.

가끔 아이들과 카페에서 책도 보고 그림도 함께 그린다.
개구쟁이 두 녀석도 나와 함께 그림을 그릴 때는 조용한 편이다.

"아들! 사람 눈이 날개라면 어떨까?"
"별이 떨어지면서 깃털이 날릴 것 같아요."
"날개모양 펜을 들고 있네?"

"무지개를 만드는 펜이예요."
"컵에도 눈을 넣어야 해요. 그러면 모든 것을 다 볼 수 있어서 허전
하지 않아요." 아들이 말하면서 그린 그림이다. 정말 다 볼 수 있는
것처럼 눈을 커다랗게 떴다. 무얼 보는 것 같아서 물었다.

"뭘 보니?"
"다, 보고 있어요."

낮에 아이가 그린 그림을 보았다.

두 아이가 잘 자라길 바라는 마음으로 나도 하이 셀 그림을 그렸다.

파란 손은 작은 아이, 초록 손은 큰아이의 성향 같았다.

가슴에 꿈틀거리는 따뜻한 뭔가가 돌면서 아이들을 향해 갔다. 이게 엄마의 마음인가보다.

생각만 해도 가슴이 울컥해진다.

호흡을 멈추고
바다 속을 본다.

물고기도
수초도
물결을 뚫고 들어 온 햇살도
쉼 없이 움직이는데
밖에서 느낄 수 없는 신비한 고요가
마음의 평화와 함께
육체에 강인한 힘을 준다.
바다는 나의 충전소다.

이런 느낌을 잊지 않으려고
하이 셀 그림을 그리고
바다 명상도 한다.

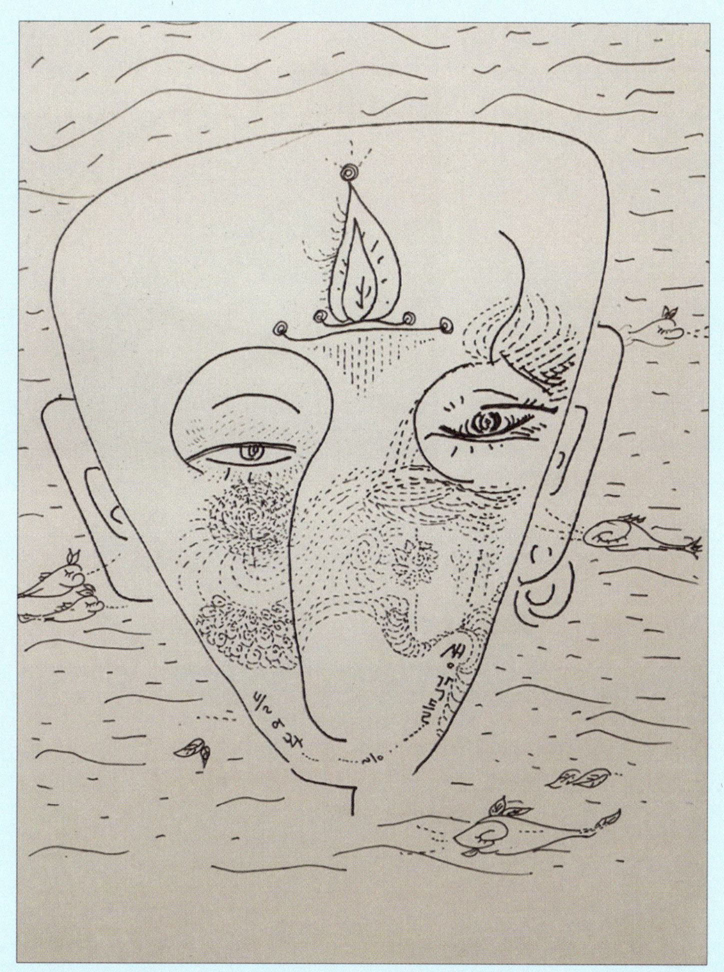

민들레가
내게 주는 기쁨을 그렸다.

이번에 보았던 시험에서 점수가 안 좋았다.

이제 시험은 한번밖에 안 남았는데… 마지막 남은 시험에 도전하기 위해 그동안 쌓인 스트레스를 날리고 재충전을 위해 제주로 황금 같은 일박 여행을 갔다.

관광지는 피하고 김녕 성세기 바다 주변을 산책했다. 그리고 에너지 충전을 위해 그림을 그렸는데 이 자체만 해도 행복했다.

처음으로 당근 밭을 보았다. 정글 숲 같은 당근 잎 아래 붉은 힘을 자랑하며 올라온 당근…

물기 없는 풀밭이 내게 와서 앉으라 한다. 바싹 마른 풀이 이리 아름다울 수 있다니…

앗, 민들레다! 다음 봄날에 다시 만나자. 후… 민들레가 내게 주는 기쁨을 그렸다.

김녕 성세기 바다…

바람에 풀풀 날리는 하얀 모래가 깔린 바다보다는

야성적인 힘을 품고 있는 검푸른 바다와

윤기가 도는 검은 바위가

나를 강하게 만든다.

내게 필요한 건 조급함과 불안감을 지워주는 여유로운 힘…

바다의 힘을 느끼면서 나의 몸을 충전하기 위해

하이 셀 미립자 그림을 그렸다.

집에서 그릴 때보다

확실히 바다에서 내 몸이 반응을 많이 하는 것 같다.

미립자들이 훨씬 활발하게 움직이는 것을 알겠다.

주변에 빛이 뿌려지는 느낌은 환희마저 일어난다.

계속 내 몸에 집중하면서 미립자 점을 찍었다.

내 몸이 행복하다고 말한다.

내일 서울로 간다.

짧은 시간이지만 제주는 나에게 많은 선물을 주었다.

그것을 하이 셀 그림에 담아간다.

바다, 민들레 그리고 한라산….

내가 본 시간들을 되돌아보았다.

제주는 지친 나에게

여유로움이 지닌 행복함을 선물했다.

당근의 달콤한 붉은 힘이 한라산에서 뿜어 나왔다.

내 머리에서도 똑같은 기운이 솟아 나오더니

안테나를 이룬다.

좋다.

이 힘을 들고 다시 도전하는 거다.

나는 이 그림을 내 책상 앞에 붙여 놓고
힘을 받으며 공부했다.
그리고
마지막 시험에 합격했다!

chapter 7.

하이 셸 그림 종이

하이 셸 그림 종이는 청년정신 카페에서 다운 받아 사용할 수 있습니다.
http://cafe.naver.com/youngidea

상황 그림 종이 : 부정감정 에너지의 원인이 된 상황 그리기

하이 셀 인체도 종이 : 자기 인식을 강화시킨다.

바쁜 일상이 생활화되고, 변화의 속도가 빠르며, 우리들은 많은 면에서 스트레스와 압박을 받고 있습니다. 이럴 때는 휴식과 치유가 필요합니다. 요즘 화두가 되는 '워라밸'도 이제 우리 사회에 휴식과 치유가 필요함을 역설하고 있습니다.

이 책은 오랜 시간 동안 휴식과 치유 분야에서 깊은 내공을 쌓아온 황명희 선생님이 그림을 통해서 마음을 치유할 수 있도록 돕기 위해서 집필을 했습니다.

이 책을 읽고 스스로 그림을 그려본다면 자기 안에 있는 치유력이 회복되는 놀라운 경험을 할 수 있을 것입니다. 모쪼록 이 책의 일독을 통해서 한국인들의 몸과 마음이 평온해지고, 여유로워지며, 언제나 행복한 마음으로 지냈으면 하는 마음입니다.

이상민 _ 책쓰기연구소 대표 이상민 작가

불안. 우울. 불확실을 긍정과 행복 확신을 에너지로 돌려주는 명쾌한 길을 제시 해 주니 누구라도 따라하고 싶은 원리가 있는 치유 그림 책.

구영숙 _ 전 도서관장

하이셀 인체도 그림으로 자연과 교감하면서 그려보니 올레길을 기획하면서 보지 못했던 부분을 더 많이 보고 느끼게 하네요

김효영 _ 테디베어 그룹 대표이사

저자가 본 책을 통해 독자들에게 전달하고자 하는 궁극적인 메시지는 원효 대사가 깨달았던 일체유심조(一切唯心造)와 일맥상통 한다.

이명훈 _ 인사리 카페 운영

저자가 본 책을 통해 독자들에게 전달하고자 하는 궁극적인 메시지는 원효 대사가 깨달았던 일체유심조(一切唯心造)와 일맥상통 한다.

이명훈 _ 인사리 카페 운영

몸과 마음을 치유하는 칼라파스 그림 명상

하이 셀

지은이 황명희 · 김수영
발행일 2018년 3월 30일
펴낸이 양근모
발행처 도서출판 청년정신 ◆ **등록** 1997년 12월 26일 제 10—1531호
주 소 경기도 파주시 문발로 115, 세종출판벤처타운 408호
전 화 031)955—4923 ◆ **팩스** 031)955—4928
카 페 http://cafe.naver.com/youngidea
이메일 pricker@empas.com

황명희 작가

칼라파스 자기계발 그림연구소 대표.
제주대학교에서 미술교육을 전공하고, 태국 마하출라롱콘 불교대학교
(Mahachulalongkom Univ. Faculty of Budhism)를 졸업. 중등학교
미술교사로 17년간 근무했으며, 황금빛명상센터 운영, 중앙직업개발
평생교육원 대구지부 미술심리센터 원장을 역임했다.
한편으로, 인도 오쇼 아쉬람명상 수련, 미얀마 마하시센터 위빠싸나 수
련, 2006년 태국 승려 초대 위빠사나 강의. 연세대학교 대학원과 부경
대학교, 대구대학교, 안동시청, 로타리클럽 등에서 강의를 하였다.

〈연구이력〉
_ 시니어 명상프로그램 '실버 칼라파스' 치유그림(치매예방)
_ 여성 명상프로그램 '빛나(我) (심리치료)'
_ 어린이 명상프로그램 'ON/OFF(인성교육)' 등
_ 위빠사나 그림책 연구.

김수영 작가

세종대학교 영화예술학부 졸업, 세종대학교 예술학(MFA) 석사 졸업.
현재, 종합광고대행사 THE SCENE PICTURES 기획팀장.
서울종합예술학교 영상미디어콘텐츠학부, 방송정보국제교육원에서
강의를 했으며 영화진흥위원회 기술사업부 연구원을 지냈다.

_ 플레이스테이션4 VR게임 〈헬게이트〉 시나라오 컨설팅
_ 한빛소프트 모바일게임 〈세계정복2〉 시나리오 컨설팅
_ 경북 안동시 지역개발콘텐츠 〈천인 마랑생〉 제작
_ 고용노동부, 교육부 프로모션 콘텐츠 다수 제작